아시아

아프리카

KB201278

찾아보기

부록

넌 누구니? 누구? (닮은꼴 공룡)
공룡 기네스
공룡종이접기 놀이
공룡카드 놀이
공룡놀이 CD

초판 인쇄 2011년 12월 09일
초판 발행 2011년 12월 19일

기   획 베가북스 창의교육연구소
그   림 디엔에스공오
펴 낸 이 권기대

책임편집 주득회
디 자 인 윤혜선
마 케 팅 배혜진 / 한종문 / 차지현
펴 낸 곳 도서출판 베가북스
출판등록 제313-2004-000221호

주   소 [158-861] 서울시 양천구 신정1동 1022~4 신서빌딩 1층
주문전화 02) 322-7262   **문의전화** 02) 322-7241
팩스번호 02) 32 2-7242   **이 메 일** info@vegabooks.co.kr

ISBN : 978-89-92309-45-5 (73400)

공룡이 세일좋아!

영단어 300개와 함께하는 생생한 공룡 세계

트라이아스기

지금 우리가 사는 지구와 달리 땅덩어리가 하나로 붙어 있던 트라이아스기.

여러 종류의 파충류부터 최초의 공룡까지,

트라이아스기는 공룡의 시발점이 되는 시기예요.

티라노사우루스의 조상인 헤레라사우루스가 있는 트라이아스기로

온·고·지·신과 함께 떠나 볼까요.

Nothosaurus

노토사우루스

의미 가짜 도마뱀

분류 : 바다파충류
식성 : 육식
길이 : 3~6m
무게 : 400kg

노토사우루스는 공룡과 비슷하게 생긴 도마뱀이야.
그런데 공룡이 아닌 바다 파충류에 속해.
수영을 아주 잘하는데, 그건 노 모양의
개의 물갈퀴와 큰 꼬리가 있기 때문이래.
이빨은 날카롭고 앞니가 길었으며,
몸에 비해 꼬리와 목이 더 길었다고 해.

SWIMMING

PADDLE

FIVE WEBS

Lufengosaurus

루펜고사우루스

의미 루펜의 도마뱀

분류 : 용반목 / 용각류
식성 : 초식
길이 : 6~7m
무게 : 1~4t

트라이아스기 두 번째 공룡은 성질이 온순하고
무리 지어 살았던 루펜고사우루스.
몸집이 육중하지만 넓적한 뒷다리가 있어
일어설 수 있었어.
나뭇잎이나 풀 등을 먹으며 살았고,
무시무시한 육식 공룡이 다가오면
앞발의 발톱으로 자신을 보호했어.

THE SECOND
GRASS
COME CLOSE

Liliensternus

릴리엔스테르누스

의미 고생물학자의 이름에서 따옴

분류 : 용반목 / 수각류
식성 : 육식
길이 : 5~6m
무게 : 130~400kg

릴리엔스테르누스는 네 발이 있지만
앞다리는 짧아 두 발로 걸어 다녔어.
육식성이며 성질이 아주 **사나웠지.**
앞다리는 **갈고리 모양**의 발톱이 있고 짧았으며,
뒷다리는 튼튼해서 달리기하는데
큰 도움을 줬대.

FIERCE
HOOKED
VERY HELPFUL

Mussaurus

무스사우루스

의미 생쥐 도마뱀

분류 : 용반목 / 용각류
식성 : 초식
길이 : 3m
무게 : 200kg

무스사우루스는 몸 크기에 비해
알이 아주 작은 공룡이야.
아마도 무스사우루스가 지금까지 살아 있다면
그 새끼를 집에서 강아지나 고양이처럼
키울 수도 있었을 거야.
상상만 해도 기분이 좋지 않니!
갓 부화한 새끼가 20cm로
공룡치고는 아주 작았으니까.

MOUSE
AROUND
PUPPIES OR CATS

Staurikosaurus

스타우리코사우루스

의미 십자 도마뱀

분류 : 용반목 / 수각류
식성 : 육식
길이 : 2m
무게 : 30kg

이번에 소개할 스타우리코사우루스는
가장 오래된 공룡 중 하나야.
앞다리는 가늘고 발가락을 쉽게 구부릴 수 있었으며
사냥감을 쥘 수도 있었지.
주둥이는 길게 나와 있는데 날카로운 이빨이 있어
도마뱀이나 포유류 등을 잡아먹는 데 사용했어.

INTRODUCE
BEND
MAMMALS

Zupaysaurus

주파이사우루스

의미 **악마** 도마뱀

분류 : 용반목 / 수각류
식성 : 육식
길이 : 5.5m
무게 : 200kg

우리나라에 호랑이가 있듯이 트라이아스기에는
주파이사우루스라는 호랑이가 있었대.
정말 호랑이었냐고? **그건 아니야.**
호랑이처럼 난폭하고 빠른 스피드, 그리고
강력한 힘을 가지고 있어서 그렇게 불렸다는 거지.
주파이사우루스는 코에
매우 얇은 한 쌍의 볏이 있었어.

DEVIL
NOT REALLY

VERY THIN

Coelophysis

코엘로피시스

의미 뼈 속이 비어 있음

분류 : 용반목 / 수각류
식성 : 육식
길이 : 2~3m
무게 : 30~60kg

코엘로피시는 아주 작은 육식 공룡이지만
같은 종족의 공룡도 잡아먹을 만큼 사나웠대.
좁은 턱에는 먹이를 잡아먹기 좋게
날카로운 톱니 모양의 이빨이 있었고
무리 지어 생활했다고 해.
머리뼈에 몇 군데 구멍이 있어서
몸이 가볍고 행동이 아주 빨랐대.

NARROW
AT A FEW PLACES
HOLE

WINGED LIZARD
HUNGRY
LIE FACE DOWN

페테이노사우루스

의미 날개 달린 도마뱀

분류 : 익룡류
식성 : 육식
길이 : 60cm
무게 : 100g

페테이노사우루스는 최초의 익룡 중 하나로
짧은 날개와 길고 뻣뻣한 꼬리를 갖고 있어.
게으른 건지 머리가 좋은 건지 모르겠는데,
배가 고프면 납작하게 엎드려 있다가 바로 위에서
곤충이 움직이면 재빨리 잡아먹었대.
이빨은 핀처럼 뾰족하고 가늘어서
곤충을 잡는 데 좋았어.

Plateosaurus

플라테오사우루스

의미 납작한 도마뱀

분류 : 용반목 / 용각류
식성 : 초식
길이 : 7~9m
무게 : 4t

덩치에 비해 정말 머리가 작은 공룡이야.
그래서인지 아주 온순해 보이기도 해.
작은 머리와 긴 목을 가지고 있으며 보통은 네 발로
걸어 다니다가 나무꼭대기에 있는 먹이를
먹을 때만 두 발로 서서 먹었다고 해.
잘 보면 이빨은 꼭 톱같이 생겼지 뭐야.
다른 공룡에 비해 코가 발달해
냄새에 아주 민감했어.

TREETOP
JUST LIKE A SAW
SENSITIVE

Herrerasaurus

헤레라사우루스

의미 헤라의 도마뱀

분류 : 용반목 / 수각류
식성 : 육식
길이 : 3.5m
무게 : 180~300kg

헤레라사우루스는 날카로운 이빨과 발톱을 갖고 있어.
뒷다리는 **긴 편**이고 발가락이 튼튼했지.
원시 포유류나 도마뱀, 작은 초식 공룡 등을
잡아먹고 살았는데,
사냥할 때 무척 **빠른** 속도로 달렸대.
그래서 긴 꼬리가 몸의 균형을 잡아 주었어.

RATHER LONG
LIVE ON
AT HIGH SPEED

쥐라기

기다란 목을 '쭉' 뻗은 세이스모사우루스부터
톱니처럼 날카로운 이빨을 자랑하는 메갈로사우루스까지
기상천외한 생김새와 커다란 덩치를 자랑하는
쥐라기 시대의 공룡친구들을 만나볼까요.

Diplodocus

디플로도쿠스

의미 두 개의 기둥

SUCH A
GENTLE DINO
BACKBONE
EATING LEAVES

분류 : 용반목 / 용각류
식성 : 초식
길이 : 25~27m
무게 : 10~20t

디플로도쿠스는 덩치에 비해
성질이 아주 온순한 공룡이야.
척추 근육이 발달되어
목을 자유자재로 움직일 수 있었어.
침엽수 잎을 다량으로 훑어 먹기에 편리했고
이렇게 **통째로 먹는 나뭇잎**을 소화하기 위해
위에는 위석이라는 것이 있대.
머리 위쪽에는 콧구멍이 있어 물속에서도
머리만 내놓고 숨 쉴 수 있었다고 해.

Dilophosaurus

딜로포사우루스

의미 두 개의 볏이 달린 도마뱀

분류 : 용반목 / 수각류
식성 : 육식
길이 : 6~7m
무게 : 400~450kg

딜로포사우루스는 머리뼈 양쪽에 2개의 볏이
있는데 이것은 수컷에게만 있어
암컷을 유혹하는 데 사용했대.
무리 지어 생활하고, 앞발과 뒷발에
날카로운 발톱이 있어.
하지만 약한 턱과 가는 이빨 때문에
작은 초식 공룡이나
죽은 고기를 주로 먹었다고 해.

A COMB ON
EACH SIDE
ONLY MALES
GRASS-EATING
DINOS

람포린쿠스

Rhamphorhynchus

의미 부리 주둥이

ON THE SEASIDE
CLIFFS
NEST
CLIME UP

분류 : 익룡류
식성 : 육식
길이 : 날개를 편 길이 1~2m
무게 : 10kg

람포린쿠스는 바닷가 주변 절벽에 살면서,
새끼를 키우기 위한 둥지를 만들었어.
아마도 절벽을 오르지 못하는 공룡들로부터
새끼를 보호하기 위해서인 것 같아.
람포린쿠스는 긴 턱과 물고기를 잡아먹기 편한
이빨이 있었고, 꼬리 끝에는
가늘고 긴 마름모꼴 날개가 있어,
방향을 잡는 데 사용되었다고 해.

쥐라기

Lexovisaurus

렉소비사우루스

의미 프랑스 북부 '렉소비' 지방의 도마뱀

분류 : 조반목 / 검룡류
식성 : 초식
길이 : 5m
무게 : 2t

이번엔 몸에 화려한 골판이 있는
렉소비사우루스를 만나볼까.
이 골판은 육식 공룡으로부터 몸을 보호하기
위한 것으로 무려 1m나 된대.
**냄새를 아주 잘 맡았고
성질은 아주 온순했다고 해.**

NORTHERN
FRANCE

SHALL WE MEET
GOOD AT
SNUFFING

마멘치사우루스

Mamenchisaurus

의미 중국 사천성의 '마멘치' 지방의 도마뱀

분류 : 용반목 / 용각류
식성 : 초식
길이 : 21~25m
무게 : 30~50t

마멘치사우루는 중국 사천성 마멘치라는 지역에서
처음 발견되어 그 지역의 이름이 붙여졌어.
그림처럼 목이 아주 길어 그 길이가 무려
13m 정도나 되며 19개의 뼈로 되어 있대.
덩치에 비해 성격은 온순해서 잎이나
나무를 먹으며 살았고, 육식 공룡이 나타나면
길고 강한 꼬리를 힘차게
휘둘러 쫓아냈대.

NINETEEN PIECES
OF BONES
SWING
DRIVE THEM OUT

Megalosaurus

메갈로사우루스

의미 큰 도마뱀

분류 : 용반목 / 수각류
식성 : 육식
길이 : 7~10m
무게 : 1~1.5t

메갈로사우루스는 세계 여러 곳에서 살았어.
성질이 무척 사나운 공룡으로 냄새를 잘 맡고
눈이 아주 좋아서 기습을 통한 사냥을 쉽게 했대.
앞다리는 3개의 발가락에 갈고리 같은
발톱이 있고, 뒷다리는 크고 튼튼해.
이 다리로 사냥감을 쉽게 잡을 수 있었대.

IN MANY PARTS
RAID
THREE TOES

Barosaurus

바로사우루스

의미 **무거운 도마뱀**

MOSTLY
CUTE
EMPTY INSIDE

분류 : **용반목 / 용각류**
식성 : **초식**
길이 : **25~30m**
무게 : **10~11t**

바로사우루스처럼 덩치가 크고 목이 긴 공룡들은
대부분 온순하고 무리 지어 살았던 것 같아.
그림으로 봐도 덩치는 크지만 **귀엽지** 않니?
바로사우루스는 목과 꼬리가 길었는데 9m 정도의
긴 목의 뼈는 **속이 텅 비어 있어** 가벼웠다고 해.
머리는 작았으며 입에는 머리빗 모양의
이빨이 있어 나뭇잎을 긁어모으기에 좋았대.

Brachiosaurus

브라키오사우루스

의미 팔 도마뱀

GIRAFFE
LEAVES AND
STEMS
EIGHTY TONS

분류 : 용반목 / 용각류
식성 : 초식
길이 : 25~30m
무게 : 40~80t

기린의 긴 목을 닮은 브라키오사우루스를 봐.
작은 머리와 눈앞에 크게 부풀려진 콧구멍,
그리고 5개의 발가락이 있는 공룡이지.
초식 공룡으로 다른 공룡과 다르게
긴 목을 이용해서 큰 나무의 잎과 줄기를 먹었는데,
워낙 많이 먹어서인지 몸무게가 무려
80톤이나 되었다고 해.

Seismosaurus

세이스모사우루스

의미 지진 도마뱀

EARTHQUAKE
THE LARGEST,
THE LONGEST
AND
THE HEAVIEST

분류 : 용반목 / 용각류
식성 : 초식
길이 : 39~52m
무게 : 100t

공룡 가운데 가장 크고 가장 길며
가장 무거운 공룡이야.
세이모스사우루스의 목은 긴만큼 목뼈가 텅 비어
가벼웠는데, 그래서 기다란 목을 쉽게 들고
다닐 수 있었대. 내가 목이 저렇게 길었다면
아마 손으로 들고 다녀야 했을 걸.

슈노사우루스

분류 : 용반목 / 용각류
식성 : 초식
길이 : 10~12m
무게 : 7~10t

의미 슈 도마뱀

슈노사우루스는 온순하며 무리 지어 살았어.
네 발로 걸어 다니다가도 육식 공룡이 공격해오면
앞발을 들어 엄지발가락의 가시 발톱으로
싸우기도 했대.
다른 덩치 큰 공룡과 마찬가지로 꼬리가 튼튼했는데,
꼬리 끝에 가시가 돋친 곤봉 모양의 뼈가 있어서
채찍처럼 사용했다고 해.

MEEK
RAISE
IN THE SHAPE OF
A CLUB

Scelidosaurus

스켈리도사우루스

의미 다리 도마뱀

분류 : 조반목 / 조각류
식성 : 초식
길이 : 3~4m
무게 : 400kg

이번에 소개할 공룡은 스켈리도사우루스야.
그림만 보면 성질이 아주 사나웠을 것 같지.
하지만 보기와는 다르게 아주 온순한 초식 공룡이야.
그래서인지 육식 공룡의 공격을 자주 받았는데,
그럴 때마다 등뼈를 따라
목에서 꼬리까지 이어진
원뿔 모양의 돌기로 위협을 했대.

OFTEN
ALONG THE SPINE
CONICAL

Stegosaurus

스테고사우루스

의미   도마뱀

ROOF
INSTEAD OF
CONTROL

분류 : 조반목 / 검룡류
식성 : 초식
길이 : 6~9m
무게 : 3~6t

검룡류 가운데 제일 큰 스테고사우루스야.
냄새를 아주 잘 맡았는데 이빨이 없어서
식물이나 나뭇잎 등을 먹었대.
이빨 대신 배속에서 위석이 있어
먹은 식물을 소화할 수 있었대. 등줄기에는
나뭇잎처럼 넓적한 골판이 있는데 그 속에
핏줄이 있어 체온을 조절하는 역할을 했대.

Apatosaurus

아파토사우루스

의미 속이는 도마뱀

분류 : 용반목 / 용각류
식성 : 초식
길이 : 20~27m
무게 : 30~35t

아파토사우루스는 온순한 성질로 무리 지어 다녔어.
행동이 느리고 물가에서 생활했지.
평소에는 네 발로 걷다가도 육식 공룡과 싸울 때는
뒷발로 서서 앞다리로 공격했대.
주둥이 앞쪽에 긴 앞니들이 있어
나뭇잎을 훑어서 먹었는데,
하루에 450kg정도를 먹었대.
아마도 그래서 저렇게 덩치가 커졌나 봐.

USUALLY
ON ITS HIND LEGS
PER DAY

쥐라기

안키사우루스

의미 가까운 도마뱀

분류 : 용반목 / 용각류
식성 : 초식
길이 : 2~3m
무게 : 70kg

이번에 소개할 공룡은 안키사우루스야.
톱니 모양의 이빨을 가지고 있어서
단단한 나뭇가지나 나뭇잎을 뜯어 먹고 살았어.
앞다리가 뒷다리에 **비해 짧았으나** 거의 뒷다리로
걸어 다녔기에 큰 **문제가** 되지는 않았대.
엄지발가락에는 커다란 갈고리 같은 발톱이 있어
나뭇가지를 불잡거나 방어를 하는데
사용했어.

SHORTER
PROBLEM

GRAB A BRANCH

알로사우루스
Allosaurus

의미 **특별한 도마뱀**

분류 : 용반목 / 용각류
식성 : 육식
길이 : 9~12m
무게 : 2t

알로사우루스는 쥐라기시대에 살았던
공룡 가운데 가장 크고 강했던 육식 공룡이야.
머리와 입은 **엄청** 컸으며, 입에는 30여 개의
날카로운 이빨이 위아래 나란히 나 있어.
대체로 **혼자** 사냥하며, 몸집이 자기보다
큰 초식 공룡과 **심지어** 다른 육식 공룡까지도
먹이로 삼았대.

ENORMOUS

ALONE

EVEN

Yandusaurus

얀두사우루스

의미 얀두의 도마뱀

분류 : 조반목 / 조각류
식성 : 초식
길이 : 1~1.6m
무게 : 7kg

눈이 동그래서 **겁이 많을** 것 같은 얀두사우루스야.
아시아 대륙에 살았던 공룡으로 두 발로 걸었던
초식공룡이란다. 앞발은 짧지만,
뒷다리의 **정강이**와 다리뼈는 아주 길어.
긴 꼬리는 달릴 때 균형을 잡는 역할을 했어.

ROUND EYES
TIMID
SHIN

Yangchuanosaurus

양추아노사우루스

의미 양추안의 도마뱀

분류 : 용반목 / 수각류
식성 : 육식
길이 : 8~10m
무게 : 3~4t

부드러운 목과 빳빳한 꼬리를 가진 공룡이야.
다른 육식 공룡처럼 강한 턱을 갖고 있으며
톱니 모양의 이빨이 많이 나 있단다.
꼬리는 몸길이의 절반을 차지하는데,
뒤뚱거리지 않도록
몸의 균형을 잡아주는 데 쓰였어.
다른 공룡에 비해 머리뼈가
아주 커서 1m나 된대.

OCCUPY
WADDLE
OTHER DINOS

Kentrosaurus

켄트로사우루스

의미 뾰족한 도마뱀

분류 : 조반목 / 검룡류
식성 : 초식
길이 : 3~5m
무게 : 1t

목부터 이어지는 골판과 긴 가시가 군대의
전투병을 떠올리게 하는 켄트로사우루스 공룡이야.
하지만 초식 공룡으로 다른 공룡들을 공격하지는 않아.
다만 육식 공룡이 공격을 해오면 꼬리를 무기처럼
좌우로 휘둘러 방어했다고 해.
뇌는 작지만 후각기능이 매우 발달했고
네 발로 천천히 걸어 다녔대.

FROM THE NECK
DOWN
COMBAT TROOP
LEFT AND RIGHT

Compsognathus

콤프소그나투스

의미 우아한 턱

분류 : 용반목 / 수각류
식성 : 육식
길이 : 1~1.4m
무게 : 3.5kg

콤프소그나투스는 몸집이 작지만 엄연한 공룡이야.
머리가 좋은 편이고, 뼈가 가늘고 꼬리가 길어
몸집이 날렵하며 매우 빨랐어.
주로 작은 파충류를 잡아먹었는데
손에 있는 갈고리 모양의 발톱으로 먹이를 붙잡거나
집어 올렸대. 예리한 이빨을 가지고 있으며
물가나 늪지대에서 생활했다고 해.

ELEGANT
CLEVER
PICK UP

Pterodactylus

프테로닥틸루스

의미 **날개의 발가락**

LONG AND
POINTY
NAILS
VIEW

분류 : 익룡류
식성 : 육식
길이 : 17~150cm
무게 : 0.5~5kg

프테로닥틸루스는 1809년에 화석이 발견된
작은 체구의 익룡이야. **길고 뾰족한** 부리에는
작은 이빨이 있어. 꼬리는 아주 짧았으며 날개는
얇은 가죽 막으로 덮여 있고, 팔뼈 끝에 손톱이
나 있는 네 개의 손가락이 있어.
커다란 뇌와 큰 눈은
시야를 확보하는 데 좋았어.

Heterodontosaurus

에테로돈토사우루스

의미 서로 **다른** 이빨을 가진 도마뱀

DIFFERENT
INSECT
FANG

분류 : 조반목 / 조각류
식성 : 잡식
길이 : 0.9~1.2m
무게 : 4.5~6kg

이 공룡은 특이하게도 3종류의 이빨이 있는
헤테로돈토사우루스야.
온순한 성질로 풀, 나뭇잎, 곤충 등을 먹고 살았으며
아주 빨리 달렸어. 3종류의 이빨 가운데
송곳니는 수놈에게만 있었고 세력다툼이나 암놈을
둘러싼 싸움이 있을 때, 그리고 적의 공격으로부터
방어할 때 사용했대.

Huayangosaurus

후양고사우루스

의미 후양 도마뱀

분류 : 조반목 / 검룡류
식성 : 초식
길이 : 4~5m
무게 : 1.4t

후양고사우루스는 켄트로사우루스와 비슷하게 골판과
가시가 있고 네 발로 걸어 다녔어.
하트 모양의 골판은 작고 쌍을 이뤘는데
두 줄로 머리에서 발달하다가 어깨에 이르러
창 모양으로 바뀌어.
꼬리 끝에는 4개의 창 모양의 뼈가 돌출해 있는데
이는 육식 공룡이 공격하면 방어할 때 사용했대.

HEART
IN TWO LINES
FOUR SPEARS

백악기

난폭하고 사나운 공룡이 많았던 백악기!
폭군 중에서도 으뜸 폭군인 티라노사우루스부터
세 개의 뿔이 멋지게 돋은 트리케라톱스까지
백악기는 상상을 초월하는 멋진 공룡들이 숨 쉬고 있죠.
자, 그럼 백악기로 떠나볼까요.

Gallimimus

갈리미무스

의미 닭과 비슷한 공룡

분류 : 용반목 / 수각류
식성 : 잡식
길이 : 4~6m
무게 : 110~125kg

빠른 속력으로 달릴 수 있는 갈리미무스야.
목은 가늘고 머리는 작았으며 꼬리는 달릴 때
균형을 잡는 데 사용했어.
입은 부리처럼 생겼고 이빨은 없단다.
앞뒤의 발에는 발가락이 3개씩 있는데,
발로 공룡의 알이나 작은 동물, 식물의 열매를
쥐고 먹을 수 있었대.

RUN FAST
SMALL HEAD
NO TEETH

Gorgosaurus

고르고사우루스

분류 : 용반목 / 수각류
식성 : 육식
길이 : 8~9m
무게 : 2.5t

의미 **고르곤 도마뱀**

작은 **티라노사우루스**라 불리는 고르고사우루스야.
작은 앞발과 뻣뻣한 꼬리뿐만 아니라 생활습관까지
티라노사우루스의 특징을 많이 닮았거든.
아주 특이한 점은 **거대한 몸집**에도 불구하고
아주 빨리 달린다는 거야.
그 까닭은 **긴 다리**에 있단다.

LITTLE T-REX
HUGE BODY
LONG LEGS

Giganotosaurus

기가노토사우루스

의미 거대한 남쪽 도마뱀

분류 : 용반목 / 수각류
식성 : 육식
길이 : 13~15m
무게 : 8~10t

이번 공룡은 기가노토사우루스야.
뇌는 매우 작았지만 육식 공룡 가운데
최고의 덩치를 자랑하는 공룡이지.
후각이 발달하여 냄새를 아주 잘 맡지만
먹이는 스스로 잡지 않고 큰 덩치로 위협해서
다른 공룡이 잡은 먹이를 빼앗아 먹는
조금은 게으른 공룡이란다.

BRAIN
SCARE OTHERS
A LAZY DINO

Gigantoraptor

기간토랍토르

의미 거대한 약탈자

A GOOD RUNNER
LONG NECK
FURRY AND BIG

분류 : 용반목 / 수각류
식성 : 육식
길이 : 8~10m
무게 : 1.4~2.2t

타조를 닮은 기간토랍토르야.
몸집이 크지만 다리구조가 타조처럼
빨리 달리게 되어 있지.
오비랍토르처럼 알이나 다른 공룡의 새끼를
먹었을 거란 추측과 **목이 길어서**
초식공룡 같다는 추측이 있어.
털이 있으면서도 몸집이 큰 것이 특징이야.

Deinonychus

데이노니쿠스

의미 **날카로운 발톱**

분류 : 용반목 / 수각류
식성 : 육식
길이 : 3~5m
무게 : 25~90kg

데이노니쿠스는 '백악기의 살인 군단'이라는
별명처럼 아주 사나운 공룡이야.
그래서 다른 공룡과 달리 무리에 서열이 있지.
13cm가 넘는 갈고리 모양의 날카로운 발톱은
위아래로 움직일 수 있고, **뒷다리가 튼튼하고**
길어서 두 발로 걸어 다녔는데 점프력도
아주 뛰어났어.

SHARP CLAWS
STRONG HIND
LEGS
WALK AND JUMP

Dromaeosaurus

드로마에오사우루스

의미 **달리는 파충류**

SLEEK AND FAST
GOOD AT
JUMPING
MOVE IN HERDS

분류 : 용반목 / 수각류
식성 : 육식
길이 : 1.8m
무게 : 50kg

드로마에오사우루스는 몸이 날렵하고 빠르며
점프도 잘해서 달리기의 명수라고 불려.
8cm나 되는 무시무시한 갈고리 모양의 발톱이 있고,
무리 지어 다니기 때문에 자기보다
큰 공룡을 쓰러뜨리기도 해.

Dromiceiomimus

드로미케이오미무스

의미 **에뮤를 흉내 낸** [*에뮤는 호주의 대형 주조류예요*]

분류 : 용반목 / 수각류
식성 : 육식
길이 : 3.5m
무게 : 100-150kg

드로미케이오미무스는 날지는 못하는 공룡이야.
하지만 기다란 다리로 시속 60km 이상의
빠른 속력으로 달릴 수가 있어.
유난히 큰 눈이 있어 어둠 속에서도 먹이를
잘 찾아 쉽게 잡아먹었어.
입은 특이하게도 새부리 모양을 닮았고
이빨은 없어.

CANNOT FLY
LARGE EYES
DARKNESS

Dwarf allosaur

드워프알로사우어

의미 난쟁이 **알로사우루스**

DWARF
IN AUSTRALIA
SMART BUT
VIOLENT

분류 : 용반목 / 수각류
식성 : 육식
길이 : 6m
무게 : 0.5t

육식 공룡 알로사우루스보다 조금 작은 체구의
드워프알로사우어를 소개할게.
알로사우루스보다는 작지만 **호주**에서는
가장 큰 육식 공룡이었어.
성질도 아주 **사나웠는데 머리가 좋은 건지**
새끼들을 데리고 이동하는 공룡들을 사냥했대.

Lambeosaurus

람베오사우루스

의미 람베 도마뱀

분류 : 조반목 / 조각류
식성 : 초식
길이 : 9~15m
무게 : 6t

이번 공룡은 캐나다의 공룡 화석 수집가
로렌스 람베를 기념해 붙인 이름인 람베오사우루스야.
오리주둥이 공룡 중 덩치가 큰 편에 속하는
공룡으로 머리 위에 달린 커다란 볏과 뒤쪽을
향해있는 돌기가 특징이지.
입 안에는 이빨이 많아 나뭇잎이나 열매를
한꺼번에 훑어 먹을 수 있었던 공룡이야.

DINO FOSSILS
COLLECTOR
EAT PLANTS

Maiasaura

마이아사우라

의미 착한 어미 도마뱀

분류 : 조반목 / 조각류
식성 : 초식
길이 : 9~10m
무게 : 4t

마이아사우라는 특이하게 무리 지어 생활하며
알을 놓고 다함께 키웠어. 그만큼 성격도 온순했어.
꼬리는 쓰임새가 많아서 몸의 균형을 잡아주고,
무기로 사용하고, 수영할 때도 사용했어.
입은 오리를 닮아서 이빨이 잘 발달했고
다양한 식물을 먹을 수 있었대.
다른 공룡과 달리 새끼에게 먹이를 주는
모성애도 있었어.

NICE AND GENTLE
BALANCE
FEED THE BABIES

Manaschurosaurus

만추로사우루스

의미 만주의 도마뱀

분류 : 조반목 / 조각류
식성 : 초식
길이 : 8m
무게 : 3t

1914년 중국에서 발견된 공룡 가운데 가장 먼저
이름이 붙여진 공룡인 만추로사우루스야.
두 발로 걸어 다녔는데 앞발가락은 4개,
뒷발가락은 3개가 있었어.
주로 키 작은 식물들을 먹으며 살았지.
주둥이가 오리 모양으로
오리 주둥이 공룡이기도 해.

IN CHINA
ON TWO FEET
MAINLY

백악기

megaraptor

메가랍토르

의미 **거대한 약탈자**

분류 : 용반목 / 수각류
식성 : 육식
길이 : 6~9m
무게 : 4t

SOUTH AMERICA
CONTINENT
THE LONGEST
TOENAIL

메가랍토르는 오늘날 **남아메리카** 대륙에서
살았던 공룡이야.
무리 지어 다녔으나 달리기가 빠르지 못해
살타사우루스와 같이 느린 공룡들을 잡아먹으며
살았대. 발톱은 가장 거대하고 날카로워
제일 긴 것은 35cm나 돼.

모노클로니우스

의미 하나의 뿔

분류 : 조반목 / 각룡류
식성 : 초식
길이 : 5~6m
무게 : 2t

머리는 아주 크고 머리 주위에 프릴을 빙 둘러
돌기가 나 있는 공룡 모노클로니우스야.
머리가 큰 만큼 부리에서 프릴까지 두개골 길이도
무려 1.8m나 되지. 짧은 주둥이 끝에는 이빨 대신
부리가 있지만, 뺨 쪽에는 많은 이빨이 나 있어.
코 위의 긴 뿔은 육식 공룡으로부터
자신을 보호하는데 사용했어.

A SINGLE HORN
SHORT SNOUT
PROTECT

Microraptor

미크로랍토르

의미 작은 약탈자

분류 : 용반목 / 수각류
식성 : 육식
길이 : 30~80cm
무게 : 1kg

미크로랍토르는 다리와 꼬리에 빳빳하고
단단한 긴 깃털이 나 있어.
시조새와 더불어 공룡이냐 조류냐 하는
논쟁이 있었던 공룡이야.
미크로랍토르의 날개는 글라이더처럼 활강하기에
적합해서 일반 새처럼 날지는 못했대.

STIFF AND HARD
BIRD OR DINO
LIKE GLIDERS

Minmi

민미

의미 **민미강의 도마뱀**

TURTLE
TRIANGLE
IN TWO LINES

분류 : 조반목 / 곡룡류
식성 : 초식
길이 : 2m
무게 : 200kg

머리가 **거북**처럼 생긴 민미의 입은
부리 모양을 하고 있어. 등에는 돌기가 많고,
꼬리 쪽에는 **삼각형** 모양의 골판이 두 줄로 돋아 있지.
초식 공룡이지만 뼈로 된 돌기, 팔, 뿔 등으로
이루어진 든든한 갑옷이 있어
육식 공룡의 공격을 잘 방어 했어.

Baryonyx

바리오닉스

의미 무거운 발톱

IN ITS STOMACH
LIVE ON FISH
PERHAPS

분류 : 용반목 / 수각류
식성 : 육식
길이 : 9m
무게 : 2t

바리오닉스는 발견 당시 위 안에서
물고기의 비늘과 이빨이 나왔대.
그래서 물가에 살며 주로 물고기를
잡아먹었을 거라고 추측이 돼.
물고기 잡기에 좋은 체형과 엄지발톱이
30cm나 돼 **아마도 물고기를 잘 잡았을 거야.**

Bactrosaurus

박트로사우루스

의미 박트리아의 도마뱀

분류 : 조반목 / 조각류
식성 : 초식
길이 : 4~6m
무게 : 1.5t

1923년 몽골의 박트리아에서 **최초로** 발견되어
박트로사우루스라고 이름 지어진 공룡이야.
두 발로 걸어 다니면서
경우에 따라 앞발을 이용하기도 했대.
이빨 수는 많지 않았으며 **단단한 턱으로**
나뭇잎, 열매 등을 잘게 부수어 먹으며 살았어.

FOR THE FIRST
TIME
FRONT PAWS
STRONG JAW

백악기

Bambiraptor

밤비랍토르

의미 아기 도둑

분류 : 용반목 / 수각류
식성 : 육식
길이 : 1m
무게 : 3kg

2000년에 발표된 공룡으로 어리기 때문에
아기를 뜻하는 이탈리아어 '밤비노'에서
밤비랍토르라는 이름이 붙여졌어.
행동이 빠르고 민첩하여 개구리나 작은 동물을
잘 잡았는데, 서로 마주 잡을 수 있는
앞발가락으로 먹이를 잡았대.

QUICK AND
NIMBLE
FROG
ANIMALS

Vectisaurus

벡티사우루스

의미 스파이크 도마뱀

분류 : 조반목 / 조각류
식성 : 초식
길이 : 1.5m
무게 : 2~3t

벡티사우루스 공룡은
영국의 와이트 섬에서 **발견되었어.**
이구아노돈과 유사한 형태를 하고 있는 공룡으로
주로 두 발로 걷지만 가끔 네 발로 걷기도 했어.
등에서부터 꼬리까지 가시 같은 돌기가 있었고
성질은 온순했으며 무리 지어 살았어.

ENGLAND
DISCOVER
ON THE ISLAND

Velociraptor

벨로키랍토르

의미 날쌘 도둑

분류 : 용반목 / 수각류
식성 : 육식
길이 : 1.8~2.5m
무게 : 90kg

벨로키랍토르는 몸놀림이 빠르고 머리가 좋은
공룡으로 유명한 공룡이야.
이빨은 날카롭고 성질은 매우 사나웠어.
덩치가 작았기 때문에 무리 지어 살며 함께
사냥을 했는데 갈고리 발톱으로 사냥감을 찍어서
공격했대. 과학자들은 벨로키랍토르가
깃털이 있었을 것이라고 추측하는데
아직 깃털 화석이 발견되지는 않았어.

VERY CLEVER
SCIENTIST
HOOKED NAILS

pukyongosaurus

부경고사우루스

의미 **부경의 도마뱀**

분류 : 용반목 / 용각류
식성 : 초식
길이 : 15m
무게 : 20t

부경고사우루스는 1999년 부경대학교
백인성 교수팀이 경상남도 하동군 금성면 갈사리
앞바다 돌섬에서 **발굴한** 공룡이야.
1억 4천만 년 전 백악기에 살았던 것으로
추측되는데 **머리에서 꼬리까지** 20m 정도로
목이 긴 공룡이야. 공룡의 학명 중 **한국어**로 된
첫 번째 공룡이란다.

DIG UP
IN KOREAN
HEAD TO TAIL

Sauropelta

사우로펠타

의미 방패 도마뱀

THORNY
ATTACK
IN SAFETY

분류 : 조반목 / 곡룡류
식성 : 초식
길이 : 7~8m
무게 : 3~3.5t

이번 공룡의 등은 뿔 모양의 골판으로 이루어져 있고
옆구리에는 가시가 있는 사우로펠타야.
육식 공룡이 공격하면 큰 덩치 때문에 빨리
도망가지 못했지만 뾰족한 골판으로
뒤덮여 있어 안전하게 생활할 수 있었대.

Saurolophus

사우롤로푸스

의미 벗 도마뱀

분류 : 조반목 / 조각류
식성 : 초식
길이 : 9~13m
무게 : 9t

사우롤로푸스는 **머리 꼭대기에 돌기가 있고**
콧등이 넓은 공룡으로 **네 발로 걸었어.**
수백 개의 이빨이 모인 치판이 있어서 식물을 잘 씹어
먹었으며, **냄새를** 잘 맡아 풀, 수초, 나뭇잎, 과일 등을
쉽게 찾아 먹을 수 있었어. 벗은 울림통 역할을
하여 적을 만나거나 맘에 드는 짝을 만나면
큰 소리를 내는 데 사용했어.

TOP OF THE HEAD
ON ALL FOURS
SMELL

Shantungosaurus

산퉁고사우루스

의미 산둥성 도마뱀

분류 : 조반목 / 조각류
식성 : 초식
길이 : 13~16m
무게 : 6~7t

몸 전체 길이의 반이 꼬리인 산퉁고사우루스야.
걸을 때 꼬리를 뒤로 **쭉 뻗어** 균형을 잡았는데
성격은 그림에서 보듯이 아주 온순했어.
무리 지어 생활하면서 **서로 도와가며** 육식 공룡의
공격을 막았대. 입은 오리 주둥이처럼 넓적하게
생겼고 먹이를 잘게 부술 수 있는
작은 이빨이 많았어.

HALF ITS BODY
STRETCH
HELP EACH OTHER

Saltasaurus

살타사우루스

의미 살타의 도마뱀

SWING THE TAIL
CONIFER
SHIELD

분류 : 용반목 / 용각류
식성 : 초식
길이 : 12~13m
무게 : 7~8t

살타사우루스는 목이 짧고 꼬리가 긴 편이야.
육식 공룡이 공격을 해오면 **꼬리를 휘두르며**
막거나 앞발가락의 발톱으로도 몸을 보호했어.
또한 튼튼한 **방패처럼** 되어 있는 등으로도 자신을
보호했어. 성격은 온순했고 나뭇잎, **구과류** 등을
먹으며 살았대.

백악기

Suchomimus

수코미우스

의미 악어를 닮음

분류 : 용반목 / 수각류
식성 : 육식
길이 : 11m
무게 : 6t

악어의 머리를 닮은 수코미우스 공룡이야.
다른 육식 공룡보다 **팔이 길었고**
뒷다리가 거대했던 공룡이지.
덩치는 티라노사우루스와 비슷하였지만
물고기를 잡아먹으며 살았어.
등에는 가시돌기가 있었는데 **체온을**
조절하는 역할을 했어.

CROCODILE
LONG ARMS
BODY
TEMPERATURE

Scipionyx

스키피오닉스

의미 유명한 로마 장군의 이름

A ROMAN
GENERAL

MUSCLE

ERECT

분류 : 용반목 / 수각류
식성 : 육식
길이 : 2~3m
무게 : 60kg

유명한 로마 장군의 이름을 딴
스키피오닉스 공룡이야.
기존의 골격 외에 근육조직까지 남아있는
유일한 공룡으로 튼튼한 꼬리를 세우고
두 발로 다녔대. 앞발톱이 휘어 있어
먹잇감을 잡는 데 쉬웠어.

백악기

Stegoceras

스테고케라스

의미 뿔이 있는 천장

FAMOUS FOR
HEAD-BUTTING
MALE AND
FEMALE

분류 : 조반목 / 후두류
식성 : 초식
길이 : 2~3m
무게 : 40~80kg

이번 공룡은 박치기로 유명한 스테고케라스야.
머리뼈는 두껍고 단단해서 육식 공룡과 싸울 때
사용했어. 이 머리뼈는 수컷이 암컷보다 크고,
자라면서 더 커졌대. 머리가 크고 단단한 만큼
무거워서 꼬리로 균형을 잡았다고 해.

Struthiomimus

스트루티오미무스

의미 타조를 닮음

RELATIVELY
BIG BRAIN
GRAB

분류 : 용반목 / 수각류
식성 : 잡식
길이 : 3~4m
무게 : 150~200kg

이번에 소개할 공룡은 지금의
타조를 닮은 공룡 스트루티오미무스야.
뒷다리가 튼튼하고 길며 타조처럼 민첩하고 빨리 달렸어.
발톱이 구부러져 열매 등을 잘 움켜쥐었으며
꼬리와 목은 길고 머리는 작았어. 마치 새의 부리처럼
생긴 긴 입에는 이빨은 없었대. 눈이 발달하고
상대적으로 뇌가 큰 공룡이었단다.

Stygimoloch

스티기몰로크

의미 스티키스 강에서 온 악마

분류 : 조반목 / 후두류
식성 : 초식
길이 : 2~3m
무게 : 80kg

귀신의 뿔 같은 가시가 머리에 있는
스티기몰로크 공룡이야.
머리에 달린 10cm 정도의 뿔은 육식 공룡에게
겁을 주거나 쫓아 버릴 때 사용했고,
마음에 드는 암컷 공룡을 차지할 때도 사용했대.

SCARE
CHASE AWAY
WIN

Styracosaurus

스티라코사우루스

의미 창 도마뱀

분류 : 조반목 / 각룡류
식성 : 초식
길이 : 4~5m
무게 : 2~3t

스티라코사우루스는 코에 긴 뿔이 있어서
코뿔소를 닮은 공룡이야.
트리케라톱스보다 덩치가 조금 작은 공룡인데
육식 공룡들은 긴 뿔을 보고
자기보다 힘이 센 걸로 착각한대.
입 안쪽에는 날카로운 이빨이 있어서
질긴 나무줄기와 잎도
잘 먹을 수 있었다는군.

SIMILAR TO RHINO

INSIDE THE
MOUTH
TOUGH

백악기

Spinosaurus

스피노사우루스

의미 가시 도마뱀

분류 : 용반목 / 수각류
식성 : 육식
길이 : 12~13m
무게 : 6~7t

티라노사우루스보다 몸집이 큰 스피노사우루스야.
몸매가 날렵하고 튼튼한 뒷다리가 있어서
사냥을 할 때 매우 빠른 속도로 움직이는 공룡이지.
머리는 악어처럼 길쭉했으며 송곳처럼 날카로운
이빨이 있어. 물가나 **늪지대**에 살면서 물고기를 잡아
먹었다고 해. 몸의 온도를 조절해주는 2m 정도의
돛 모양의 피부막이 있었어.

HUNT
IN THE MARSHES
SAIL-SHAPED

백악기

Anatotitan

아나토티탄

의미 거대한 오리

분류 : 조반목 / 조각류
식성 : 초식
길이 : 9~12m
무게 : 5t

지금의 오리와 많이 닮아서 '거대한 오리'라는
뜻의 이름을 가진 아나토티탄이야.
미국에서 발견된 공룡으로 전형적인
오리 모양의 주둥이를 가지고 있어.
입에는 1000개의 이빨이 강판처럼 나 있고,
커다란 뒷다리와 튼튼한 등뼈가 있어.

GIGANTIC DUCK
IN AMERICA
TYPICAL

Acrocanthosaurus

아크로칸토사우루스

의미 높은 돌기의 도마뱀

분류 : 용반목 / 수각류
식성 : 육식
길이 : 9~12m
무게 : 2~5t

아크로칸토사우루스는 머리뼈가 1.4m 정도로
큰 머리를 가지고 있어. **무서운** 육식 공룡으로
열대 우림에서 무리 지어 생활했지.
물어뜯는 힘이 무시무시하며
긴 다리를 가지고 있어.
등에는 60cm의 굵은 돌기가 있는데
근육을 지탱하게 해줬어.

SCARY
TROPICAL RAIN
FOREST
BITE AND CHEW

Alamosaurus

알라모사우루스

의미 알라모의 도마뱀

SURVIVE
MOVE AROUND
DIGEST

분류 : 용반목 / 용각류
식성 : 초식
길이 : 21m
무게 : 27t

공룡 가운데 가장 늦게까지 **살았던**
공룡인 알라모사우루스야.
이동할 때는 약한 공룡을 가운데 두고 보호하면서
움직였고, 위 속에는 위석이 있어 음식물을
먹고 난 후 **소화를** 도와주었대.

Alectrosaurus

알렉트로사우루스

의미 독식의 도마뱀

FIVE METERS
LONG
OVERALL
BODY SHAPE

분류 : 용반목 / 수각류
식성 : 육식
길이 : 5m
무게 : 450~500kg

알렉트로사우루스는 짧은 앞다리와 두 개의 앞발톱,
강한 턱과 굵은 뒷다리를 가진 공룡이야.
길이는 5m 정도인데 전체적인 체형이
티라노사우루스와 아주 비슷한 공룡이란다.
강한 뒷다리로 빠르게 달리며 공룡들을 공격했어.

알리오라무스

의미 특별한 가지

분류 : 용반목 / 수각류
식성 : 육식
길이 : 6~7m
무게 : 0.65~1t

성질은 사납고 머리엔 작은 뿔이 있는 알리오라무스야.
머리뼈는 좁고 주둥이는 긴 공룡으로 무리 지어
다니며 작은 초식 공룡을 공격했어.
튼튼한 꼬리는 균형을 잡는 데 사용하거나
강력한 무기로도 사용했지.
눈 주위의 돌기는 방어용이나 짝짓기 할 때
관심을 끄는 데 사용했어.

NARROW
POWERFUL
MATING

Albertosaurus

알베르토사우루스

의미 앨버타의 도마뱀

SAWLIKE
SHAKE UP
ONE MORE RIB

분류 : 용반목 / 수각류
식성 : 육식
길이 : 7~8m
무게 : 1.8~2.5t

커다란 머리와 **톱니처럼** 날카로운 이빨이 있는
알베르토사우루스야. 성질이 매우 사납고
날카로운 이빨로 사냥감을 물면
세차게 흔들어서 죽였다고 해.
다른 공룡들과 달리 갈비뼈가 하나 더 있어
앉거나 누울 때 무거운 몸을 받쳐주는 역할을 했어.

Ampelosaurus

암펠로사우루스

의미 포도나무 도마뱀

분류 : 용반목 / 용각류
식성 : 초식
길이 : 15m
무게 : 10t

오늘날의 유럽대륙에서 살았던 네 발로 걷는 공룡
암펠로사우루스야. 온몸이 잘 발달된 갑옷으로
둘러싸여 있어서 육식 공룡들이
함부로 공격을 하지 못했대.
프랑스와 스페인 등에서 화석이 발견되었는데,
다른 용각류 공룡과 달리 목부터 꼬리 부분에
걸쳐 가시모양의 돌기가 솟아 있어.

EUROPEAN
CONTINENT
ARMOUR
FRANCE AND
SPAIN

Eotriceratops

에오트리케라톱스

의미 새벽의 뿔 셋 달린 얼굴

분류 : 조반목 / 각룡류
식성 : 초식
길이 : 9m
무게 : 10t

머리에 세 개의 뿔을 달고 있는 공룡
에오트리케라톱스야.
백악기 말기에 살았던 각룡류 공룡인데 **지금까지**
발견된 각룡류 가운데 **가장 거대한** 공룡이지.
입은 다른 각룡류처럼
앵무새의 부리를 닮았단다.

UP TO NOW
THE LARGEST
EVER
PARROT

Euoplocephalus

에우오플로케팔루스

의미 완전 무장된 머리

CUT OR CHOP
APPEAR
HEAVY

분류 : 조반목 / 곡룡류
식성 : 초식
길이 : 6~7m
무게 : 3t

머리부터 꼬리까지 딱딱한 골판으로 싸여 있는
에우오플로케팔루스 공룡이야.
머리에 뿔처럼 생긴 네 개의 돌기가 솟아 있고
앞 이빨이 없어서 주둥이로 식물을 잘라 먹었어.
겉으로는 무섭고 사나워 보이지만 아주 온순한
공룡이란다. 꼬리에 달린 무거운 뼈 뭉치로
육식 공룡의 공격을 막으며 자신을 보호했대.

에우헬로푸스

의미 확실한 헬로푸스

분류 : 용반목 / 용각류
식성 : 초식
길이 : 10~15m
무게 : 20~25t

중국에서 화석이 발견된 에우헬로푸스야.
네 발로 걷는 대형 초식 공룡으로 머리 부분은 짧고
작으며 **숟가락** 모양의 이빨을 가지고 있어.
에우헬로푸스는 17~20개의 목뼈를 가지고 있고
목이 길어 머리를 **높게 올릴 수** 있었어.

WEIGHT
SPOON
RAISE THE HEAD

Elasmosaurus

엘라스모사우루스

의미 얇은 판 도마뱀

분류 : 해양파충류
식성 : 육식
길이 : 5~14m
무게 : 10.5t

가장 긴 목을 가진 수장룡 엘라스모사우루스야.
목의 길이가 무려 8m나 된대.
목에 비해 머리가 작았으며, 꼬리는 아주 작고
그 끝은 뾰족했어.
날카로운 이빨로 물고기, 어룡들을
잡아먹으며 살았어.

AS LONG AS
COMPARED WITH
SHARP TEETH

Oviraptor

오비랍토르

의미 알 도둑

분류 : 용반목 / 수각류
식성 : 육식
길이 : 1.5~3m
무게 : 20~35kg

다른 공룡의 알을 잘 훔쳐 먹어서 알 도둑이라는 **별명**이 있는 오비랍토르야. 앞발의 **갈고리**처럼 생긴 3개의 발가락은 물체를 잘 움켜쥘 수 있었고, 이빨은 없지만 튼튼한 턱이 있어 단단한 알껍데기를 잘 깼어. 뒷다리는 튼튼해서 빠르게 뛸 수 있었고, 뒷발에는 날카로운 발톱이 있었단다.

STEAL THE EGGS

NICKNAME

HOOK

Utahraptor

유타랍토르

의미 유타의 약탈자

분류 : 용반목 / 수각류
식성 : 육식
길이 : 5~7m
무게 : 0.8~1t

이번에 소개할 공룡은 아주 영리하고
행동도 재빠른 유타랍토르야. 턱에는 면도날과 같이
날카로운 이빨이 있고, 커다란 눈과 움켜잡을 수 있는
앞발이 있어. 주로 무리 지어 다니며 큰 초식 공룡의
몸에 뛰어 올라 공격을 했어. 뒷발에는 30cm나
되는 갈고리 발톱이 있어 무기로 사용했대.

RAZOR BLADE
HOP ON
WEAPON

백악기

Iguanodon

이구아노돈

의미 이구아나의 어빨

LEAVES AND
FRUITS
LOOKING FOR
FOOD
LIKE A WHIP

분류 : 조반목 / 조각류
식성 : 초식
길이 : 6~10m
무게 : 4~5t

성격은 온순하고 무리 지어 생활한 이구아노돈이야.
평평한 이빨로 나뭇잎과 열매를 먹고 살았으며,
네 발로 걸었는데 나무 위의 먹이를 찾을 때만
앞발을 들어 두 발로 걸었대.
앞발은 채찍 같은 긴 꼬리와 함께 육식 공룡과
싸울 때 무기로 사용했대.

Indosuchus

인도수쿠스

의미 인도 악어

분류 : 용반목 / 수각류
식성 : 육식
길이 : 5~6m
무게 : 510kg

인도에서 거의 완전한 골격이 발견되어
세상에 알려진 인도수쿠스야. 티라노사우루스와
비슷해 그 이름으로 불리기도 했지만 더 작은 몸집과,
작고 날카로운 이빨을 가지고 있어.
입 안에는 톱니 모양의 길고 뾰족하며 날카로운
이빨이 있었고, 특이한 것은 다른 육식 공룡에 비해
콧구멍이 작다는 거야.

ALLIGATOR
A DINO FROM
INDIA
ALMOST
COMPLETE

Tsintaosaurus

친타오사우루스

의미 친타오 도마뱀

VARIOUS
BETWEEN THE
EYES
SIGNAL

분류 : 조반목 / 조각류
식성 : 초식
길이 : 8~10m
무게 : 2~4t

중국의 친타오(청도)에서 발견되어
친타오사우루스란 이름이 붙은 공룡이야.
입은 오리처럼 넙적하고
다양한 식물을 먹으며 살았는데
성격은 온순하고 무리 지어 생활했어.
눈과 눈 사이의 볏은 짝짓기를 하거나
친구에게 신호를 보낼 때 사용했어.

Carnotaurus

카르노타우루스

의미 고기를 먹는 황소

MEAT-EATING
DEAD ANIMALS
FOR DECKING OUT

분류 : 용반목 / 수각류
식성 : 육식
길이 : 7~8m
무게 : 1t

카르노타우루스는 고기를 먹는 황소라는 뜻을
가진 공룡이야. 눈 위에 커다란 뿔과 몸 전체에
가시 등뼈가 나 있고 무리 지어 사냥을 했어.
턱뼈가 약해서 큰 동물을 사냥하지는 않고
죽은 동물을 자주 먹었을 것으로 추측해.
눈 위에 솟은 뿔은 다른 공룡에게
무섭게 보이거나 장식으로 쓰였어.

백악기

Chasmosaurus

카스모사우루스

의미 **깊게 갈라진 도마뱀**

분류 : 조반목 / 각룡류
식성 : 초식
길이 : 5~6m
무게 : 3.5t

긴 **프릴**을 가지고 있는 카스모사우루스 공룡이야. 커다란 프릴 가장자리에는 울퉁불퉁한 돌기가 나 있으며 프릴은 적을 **위협**하거나 암컷을 유혹하기 위해 사용되었어. 생김새와 달리 온순했으며 무리 지어 살았다고 해.

LONG FRILLS
ON THE EDGES
THREATEN

Caudipteryx

카우디프테릭스

의미 꼬리

분류 : 용반목 / 수각류
식성 : 육식
길이 : 70cm
무게 : 4.5~7kg

아주 빠른 육식 공룡 카우디프테릭스야. 20세기의
가장 중요한 발견 중 하나로 손꼽히는 공룡이지.
몸에 깃털을 가진 최초의 공룡으로, 꼬리 쪽 깃털은
부채모양으로 나 있어. 날카롭고 긴 이빨은
앞턱의 위쪽으로 나 있고 소화를 위한 위석을
가지고 있대. 깃털은 날기 위한 것이 아니라
체온을 조절하기 위해 있는 거래.

FEATHERS
THE TWENTIETH
CENTURY
FAN

코리토사우루스

의미 헬메 도마뱀

HELMET
DIVE INTO THE
WATER
COMMUNICATE

분류 : 조반목 / 조각류
식성 : 초식
길이 : 9~10m
무게 : 3~4t

머리의 볏에 공기를 저장해 **잠수할** 수 있는
공룡 코리토사우루스야. 이 볏은 소리를 내어
자기네끼리 **의사소통**하는데 사용했어.
입은 오리주둥이를 닮았는데 입안에는
600개가 넘는 이빨이 있어 질긴 식물도
잘 씹을 수 있었대. 성질이 온순하고
네 다리로 빨리 달릴 수 있었어.

타르보사우루스

의미 놀라게 하는 도마뱀

분류 : 용반목 / 수각류
식성 : 육식
길이 : 7~14m
무게 : 1.5~5t

큰 머리에 날카로운 이빨이 있어서 먹이를 잡으면
놓지 않은 공룡, 타르보사우루스야.
짧은 앞다리에 두 개의 발가락이 있고, 작지만
날카로운 발톱이 나 있어. 웬만하면 직접 사냥하지
않고 다른 공룡이 사냥한 것을 빼앗거나 죽은
동물의 시체를 먹었대. 두꺼운 꼬리는 몸의 균형을
잡아주고 사냥감을 잡을 때도 사용했어.

NEVER LET GO
TWO TOES
THICK TAILS

Tapejara

타페자라

의미 오래된 것

FANCY AND
COLORFUL
LAKES OR SEAS
SEDUCE

분류 : 익룡류
식성 : 육식
길이 : 날개를 편 길이 5m
무게 : 100kg

타페자라는 머리 위에 **화려하고 멋진 볏**이 있어.
수컷의 경우에는 돛 모양의 볏이 거의 1m 높이로
세워져 있지. 아마도 이 커다란 볏 때문에 빨리
날기보다는 천천히 날았을 것으로 생각 돼.
타페자라는 내륙에 있는 **호수나 바다**
가장자리에서 살았대.
머리의 커다란 볏은 짝짓기 상대를 유혹할 때나
다른 익룡을 위협할 때 사용했어.

Therizinosaurus

테리찌노사우루스

의미 큰 낫 도마뱀

SHAPE OF A
SICKLE
PREY
ANTS' NEST

분류 : 용반목 / 수각류
식성 : 잡식
길이 : 4~11m
무게 : 3~6t

낫 모양의 거대하고 날카로운 발톱이 있는
테리지노사우루스야. 몸통은 짧고 몽뚝하며, 다리와
꼬리가 짧은 공룡이지. 입 앞 쪽으로는 이빨이 없지만,
옆을 따라서 작은 이빨이 많이 나 있단다.
알은 45cm로 지금까지 발견된 공룡 알 가운데
가장 크다고 해. 앞발에 날카로운 발톱이 있어
먹잇감을 공격하거나 거대한
개미둥지를 파헤치는 데 사용했어.

백악기

Tropeognathus

트로페오그나투스

의미 **방향을 잡아주는 턱**

RUDDER
ENORMOUS
WINGS
SET A COURSE

분류 : 익룡류
식성 : 육식
길이 : 날개를 편 길이 6~7m
무게 : 20kg

'방향타 턱'이라는 뜻의 트로페오그나투스는
6.5m에 이르는 거대한 날개가 있어.
코와 턱에 돌출된 볏이 있는데 물속의 물고기를
잡을 때 방향을 잡는 역할을 했어.
몸의 크기에 비해 무게는 가벼웠고
꼬리는 짧았단다.

Triceratops

트리케라톱스

의미 세 개의 뿔이 있는 얼굴

분류 : 조반목 / 각룡류
식성 : 초식
길이 : 7~10m
무게 : 5~10t

뿔이 있는 공룡 가운데 가장 큰 공룡인
트리케라톱스야. 2m가 넘는 이 뿔은 육식 공룡의
공격을 **막기도** 했고 암컷을 **차지하기 위해**
수컷끼리 싸울 때 쓰였어. 이빨은 없지만 날카롭고
구부러진 부리가 있어 단단한 먹이도
잘 자를 수 있었대.

WARD OFF
IN ORDER TO WIN
CURVED BEAK

백악기

Tyrannosaurus

티라노사우루스

의미 | 폭군 도마뱀

분류 : 용반목 / 수각류
식성 : 육식
길이 : 12m
무게 : 5~7t

가장 인기 있는 공룡, 티라노사우루스야.
공룡 가운데 가장 성질이 사납고 유명해.
티라노사우루스는 거대한 몸집에 민첩한 행동,
거기에 사냥감과 거리를 측정하는 입체 시력이
가능한 눈을 가진 폭군 중에서도 으뜸 폭군이야.
사냥을 할 때는 30cm에 60여 개가 되는 매우 크고
날카로운 이빨과 꼬리로 후려쳐서 공격했대.

THE MOST POPULAR
THE MOST VIOLENT
SMASH AND STRIKE

Parasaurolophus

파라사우롤로푸스

의미 유사 볏 도마뱀

UP TO ITS NOSTRIL
OXYGEN
CYLINDER
SOUNDBOX

분류 : 조반목 / 조각류
식성 : 초식
길이 : 10~12m
무게 : 7t

파라사우롤로푸스는 그림처럼 머리에 2m나 되는
긴 볏이 있는 공룡이야. 이 볏은 속이 비어 있고
콧구멍까지 연결되어 있어 물속에서 산소통 역할을
하거나 울림통 역할을 하여 소리를 내는 데 사용했어.
입은 오리주둥이처럼 넓적하고 네 발로 걸으며
빠르게 뛸 수도 있지.

Parksosaurus

파르크소사우루스

의미 파르크 도마뱀

분류 : 조반목 / 조각류
식성 : 초식
길이 : 2m
무게 : 70kg

파르크소사우루스는 캐나다 수집가인
윌리엄 파르크의 이름에서 지어졌어.
몸집은 작으며 두 다리로 걸었어.
눈이 큰 공룡으로 주둥이는 홀쭉했고 꼬리와
튼튼한 다리, 긴 목, 짧은 발가락을 지니고 있어.

CANADIAN
COLLECTOR
NAMED AFTER
LARGE EYES

Pachycephalosaurus

파키케팔로사우루스

의미 두꺼운 머리를 가진 도마뱀

분류 : 조반목 / 후두류
식성 : 초식
길이 : 4~6m
무게 : 3~4t

이번 공룡은 머리뼈의 두께가 사람 머리뼈의
50배나 되는 파키케팔로사우루스야.
알처럼 볼록 튀어나온 이마는 암컷을 차지하려고
다른 수컷과 박치기를 하며 싸울 때 머리를 보호하는
헬멧 역할을 했대. 파키케팔로사우루스의 앞다리는
짧았지만 뒷다리는 튼튼하고 길어서 두 발로
걸었고, 주둥이 부위에는 혹이 있어.

THICK SKULL
BULGING
FOREHEAD
SERVE AS A
HELMET

펜타케라톱스

의미 **다섯 개의 뿔이 있는 얼굴**

분류 : 조반목 / 각룡류
식성 : 초식
길이 : 6~8m
무게 : 5t

이번에는 **얼굴에 다섯 개의 뿔이 있는**
펜타케라톱스를 만나볼까. 머리 위의 거대한 뿔은
육식 공룡으로부터 몸을 지키는 데 사용했는데
그 길이가 몸길이의 **3분**의 **1**이나 됐어.
입은 다양한 식물을 먹는데 쉬웠고
앵무새를 닮았어.
꼬리는 **그다지 길지 않았지만**
다리는 튼튼했단다.

ON THE FACE
ONE THIRD
NOT SO LONG

Protoceratops

프로토케라톱스

의미 최초의 뿔이 있는 얼굴

분류 : 조반목 / 각룡류
식성 : 초식
길이 : 1.5~3m
무게 : 40~180kg

프로토케라톱스는 '최초의 뿔이 있는 얼굴'이라는
뜻이 붙었지만, **실제로** 얼굴에는 뿔이 없는 공룡이야.
머리의 큰 장식과 앵무새 부리를 닮은 입,
몸 부분에 넓게 퍼진 **갈기**가 특징이지.
알은 길이 20cm, **지름** 7cm 정도로
인류가 최초로 발견한 공룡 알이란다.

IN FACT
MANE
DIAMETER

백악기

Psittacosaurus

프시타코사우루스

분류 : 조반목 / 각룡류
식성 : 초식
길이 : 1~2m
무게 : 50~60kg

의미 앵무새 도마뱀

전체적인 모습은 조룡류를 닮았지만, 각룡류 중에서도
오래된 무리 중의 하나인 프시타코사우루스.
이 공룡은 **두개골 뒤쪽에 있는 두덩** 때문에
머리가 네모난 모양을 하고 있고 약간 돌출되어 있어.
대체로 두 다리로 서서 걸었고
적이 공격해 올 때는 빠른 발을 이용해 도망을 쳤어.
입에는 앵무새처럼 생긴
튼튼하고 날카로운 부리가 있어.

OVERALL SHAPE

BEHIND THE
SKULL

SQUARE HEAD

Pterodaustro

프테로다우스트로

의미 **남쪽의 날개**

분류 : 익룡류
식성 : 육식
길이 : 1~1.5m
무게 : 15kg

프테로다우스트로는 턱이 매우 길고
두꺼우며 뭉툭하게 생겼어.
아래턱에는 기다란 이빨이,
위턱에는 작은 이빨이 있는데 모두 1,000개나 돼.
긴 턱을 이용하여 해수면에서 물을 뜨듯이
먹잇감을 사냥했을 거라고 추측하고 있어.

THICK AND BLUNT
UPPER JAW
SEA SURFACE

피나코사우루스

분류 : 조반목 / 곡룡류
식성 : 초식
길이 : 3~5m
무게 : 1t

의미 **두꺼운 판 도마뱀**

두꺼운 판 도마뱀이라는 뜻의 피나코사우루스야.
콧구멍은 크게 확장돼 있고 앞발가락은 4개,
뒷발가락은 5개인 공룡이지.
네 다리가 짧은 것으로 보아 느릿하게 걸었을 것으로
생각되고, 다양한 식물을 먹었어.
꼬리는 튼튼한 근육으로 연결되어 있는데,
꼬리 끝에는 곤봉처럼 뼈 뭉치가 달려 있어.
온몸은 튼튼한 갑옷으로 덮여 있어서
육식 공룡으로부터 몸을 보호했어.

WALK SLOWLY
STRONG MUSCLES
AT THE END
OF ITS TAIL

Haenamichnus

해남이크누스

의미 **해남의 발자국**

LENGTHY WINGS
WEBBED FEET
EARTHWORM

분류 : 익룡류
식성 : 육식
길이 : 날개를 편 길이 10m
무게 : 90kg

해남이크누스는 전라남도 해남군 황산면 우항리 지역에서 발견된 익룡 발자국으로 처음 세상에 알려졌어. **날개가 긴** 편으로 그 길이는 무려 10m가 넘고, 다른 익룡들과는 달리 **물갈퀴가 있는** 것이 특징이야. 알을 보호하기 위해 무리 지어 생활했으며 조개나 **지렁이** 등을 잡아먹고 살았대.

Hylaeosaurus

힐라에오사우루스

의미 수풀 도마뱀

ON THE FLANK
SCALES
ON BOTH SIDES

분류 : 조반목 / 곡룡류
식성 : 초식
길이 : 3~6m
무게 : 1.5t

안킬로사우루스와 비슷하나 꼬리에 혹이 없다는 점과
옆구리에 뿔이 있다는 점이 다른, 힐라에오사우루스야.
등에는 딱딱한 골판이 있으며 등 이외의 다른 부분에는
비늘 모양의 뿔이 솟아 있지.
등 외에 몸 양쪽에도 길고 단단한 가시가 있었어.
등의 뼈로 된 작은 돌기는 육식 공룡과 싸울 때
사용했단다.

부록 5종

넌 누구니? 누구?

ha ha ha~

넌 누구니? 누구? 코가 길고
뾰족한 걸 보니 돌고래구나?

아니야! 아니야!
뱀의 몸같이 낯선한 목이 있는
바로 사우루스란다.

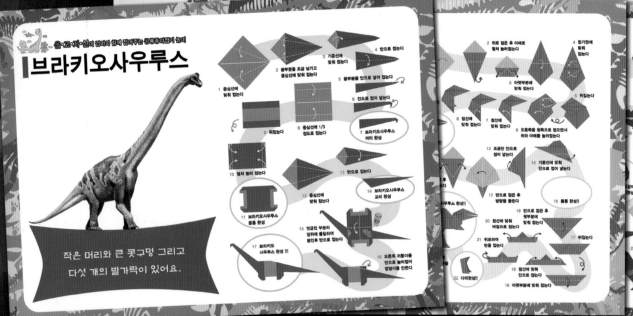

- 줄·꽈·저·섬이 엄마와 함께 펼쳐주는 공룡종이접기 놀이

브라키오사우루스

1 중심선에
맞춰 접는다

2 윗부분을 조금 남기고
중심선에 맞춰 접는다

3 기준선에
맞춰 접는다

4 반으로 접는다

5 윗부분을 안으로 넣어 접는다

6 안으로 접어 넣는다

7 중심선에 1/3
정도를 접는다

8 브라키오사우루스
머리 완성

9 뒤집는다

10 펼쳐 눌러 접는다

11 브라키오사우루스
몸통 완성

12 반으로 접는다

13 반으로 접는다

14 브라키오사우루스
꼬리 완성

15 빗금친 부분의
밑에 풀칠하여
붙인 후 반으로 접는다

16 중심선에
맞춰 접는다

17 브라키오
사우루스 완성 !!!

18 오른쪽 귀퉁이를
안으로 눌러접어
쌍안이를 만든다

작은 머리와 큰 콧구멍 그리고
다섯 개의 발가락이 있어요.

공룡 기네스

가장 달리기가 빠른 공룡은?

가장 바보 공룡은?

"그건 스테고사우루스야. 스테고는 몸길이가 9m, 몸무게는 무려 6,000~7,000kg이나 되지만 뇌는 고작 60g밖에 안 돼. 몸 크기에 비해 뇌가 너무 작은 공룡이지."

공룡 중에 가장 바보 같은 공룡은 누구지?

가장 머리가 큰 공룡은?

백꾸러기

공룡이 제일좋아!

Contents

Diplodocus
디플로도쿠스
두개의 기둥

Power
1700

공룡놀이CD

공룡탐험
www.kebikids.com

넌 누구냐? 누구?

ha ha ha~

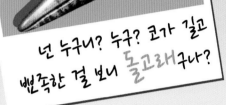

넌 누구니? 누구? 코가 길고 뾰족한 걸 보니 돌고래구나?

아니야! 아니야! 뱀의 몸같이 날씬한 목이 있는 바로사우루스란다.

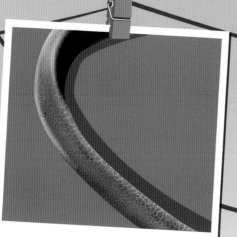

그럼, 넌 누구니? 누구?
길쭉한 몸을 보니 뱀?

그럼 사람 손을 닮은
넌 누구니? 누구?

넌 누군지 알겠다.
삐죽 나온 뿔을 보니
넌 분명 코뿔소야!

넌 누구니? 누구?
입에 있는 부리를 보니
틀림없이 앵무새지?

넌 누구니? 누구?
날씬한 다리를 보니
달리기를 잘하는 타조구나?

아니야! 아니야!
나는 돌고래 코를 닮은
옵탈모사우루스란다.

앞발이 사람 손을 닮은
나는 무타부라사우루스란다.

아니야! 아니야!
나는 코뿔소 코를 닮은
모노클로니우스 공룡이야.

아니야! 아니야!
나는 타조 다리를
닮은 갈리미무스야.

아니야! 아니야!
앵무새 입을 닮은 나는,
프시타코사우루스란다.

공룡 기네스

가장 바보 공룡은?

?? ?

"그건 스테고사우루스야.
스테고는 몸길이가 9m, 몸무게는 무려
6,000~7,000kg이나 되지만
뇌는 고작 60g밖에 안 돼.
몸 크기에 비해 뇌가 너무 작은 공룡이지."

"공룡 중에 가장
바보 같은 공룡은
누구지?"

가장 달리기가 빠른 공룡은?

가장 머리가 큰 공룡은?

"어떡해! 어떡해!
티라노가 갈리미무스를
잡아먹으려 해!"

"걱정하지 마!
갈리미무스는 공룡 중에
가장 빨리 달리는 공룡이거든.
시속 70km까지 달릴 수 있어서
티라노가 잡기는 힘들 거야."

"너 혹시, 가장 머리가
큰 공룡이 어떤 공룡인지 알아?"

"당연하지.
박치기왕 스테고케라스지!"

"아니야, 틀렸어!
머리뼈가 무려 3m까지 자라
스테고케라스도 함부로 덤비
못하는 펜타케라톱스야!"

가장 작은 공룡은?

"미크로랍토르를 키워보는 건 어때? 공룡 가운데 가장 작은 공룡으로 몸무게가 1kg 정도고 몸길이는 30~80cm밖에 안 되거든."

"강아지나 고양이처럼 공룡을 집에서 키울 수는 없을까?"

처음이름을얻은공룡은?

1824

"가장 먼저 이름을 가지게 된 공룡은 누구니?"

"메갈로사우루스 공룡이야. 1824년 턱뼈가 발견되어 처음 이름을 얻게 되었어. 이구아노돈은 안타깝게도 두 번째로 이름을 얻게 되었단다."

가장 긴 공룡은?

50m

"오니, 넌 몸길이가 가장 긴 공룡이 누군지 아니?"

"당연히 알지! 가장 긴 공룡은 몸길이가 50m나 되는 나의 조상인 세이스모사우루스야!"

티라노사우루스

온·고·지·신이 엄마와 함께 접어주는 공룡종이접기 놀이

거대한 몸집이지만 민첩하고
아주 사나운 성질을 가졌어요.

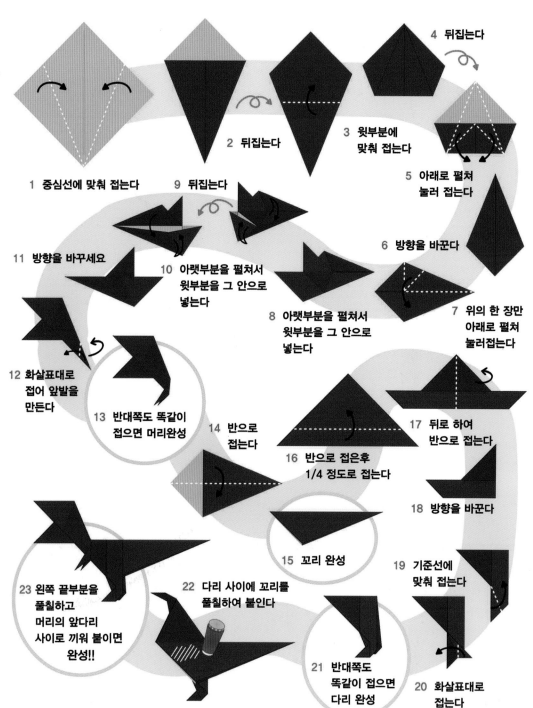

4 뒤집는다

2 뒤집는다

3 윗부분에 맞춰 접는다

1 중심선에 맞춰 접는다

9 뒤집는다

5 아래로 펼쳐 눌러 접는다

6 방향을 바꾼다

11 방향을 바꾸세요

10 아랫부분을 펼쳐서 윗부분을 그 안으로 넣는다

8 아랫부분을 펼쳐서 윗부분을 그 안으로 넣는다

7 위의 한 장만 아래로 펼쳐 눌러접는다

12 화살표대로 접어 앞발을 만든다

13 반대쪽도 똑같이 접으면 머리완성

14 반으로 접는다

17 뒤로 하여 반으로 접는다

16 반으로 접은후 1/4 정도로 접는다

18 방향을 바꾼다

15 꼬리 완성

19 기준선에 맞춰 접는다

23 왼쪽 끝부분을 풀칠하고 머리의 앞다리 사이로 끼워 붙이면 완성!!

22 다리 사이에 꼬리를 풀칠하여 붙인다

21 반대쪽도 똑같이 접으면 다리 완성

20 화살표대로 접는다

온·고·지·신이 엄마와 함께 접어주는 공룡종이접기 놀이

브라키오사우루스

작은 머리와 큰 콧구멍 그리고
다섯 개의 발가락이 있어요.

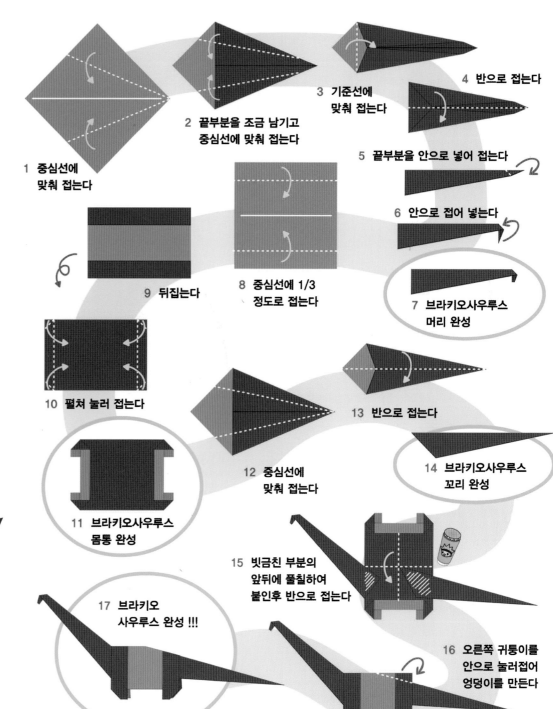

1 중심선에
맞춰 접는다

2 끝부분을 조금 남기고
중심선에 맞춰 접는다

3 기준선에
맞춰 접는다

4 반으로 접는다

5 끝부분을 안으로 넣어 접는다

6 안으로 접어 넣는다

7 브라키오사우루스
머리 완성

8 중심선에 1/3
정도로 접는다

9 뒤집는다

10 펼쳐 눌러 접는다

11 브라키오사우루스
몸통 완성

12 중심선에
맞춰 접는다

13 반으로 접는다

14 브라키오사우루스
꼬리 완성

15 빗금친 부분의
앞뒤에 풀칠하여
붙인후 반으로 접는다

16 오른쪽 귀퉁이를
안으로 눌러접어
엉덩이를 만든다

17 브라키오
사우루스 완성 !!!

온·고·지·신이 엄마와 함께 접어주는 공룡종이접기 놀이

스피노사우루스

머리는 악어처럼 길쭉하고
송곳처럼 날카로운 이빨이 나 있어요.

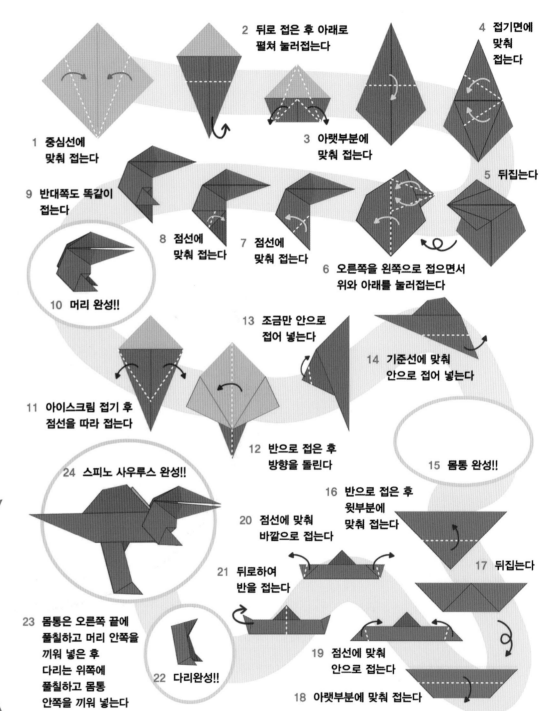

1 중심선에
   맞춰 접는다

2 뒤로 접은 후 아래로
   펼쳐 눌러접는다

3 아랫부분에
   맞춰 접는다

4 접기면에
   맞춰
   접는다

5 뒤집는다

6 오른쪽을 왼쪽으로 접으면서
   위와 아래를 눌러접는다

7 점선에
   맞춰 접는다

8 점선에
   맞춰 접는다

9 반대쪽도 똑같이
   접는다

10 머리 완성!!

11 아이스크림 접기 후
   점선을 따라 접는다

12 반으로 접은 후
   방향을 돌린다

13 조금만 안으로
   접어 넣는다

14 기준선에 맞춰
   안으로 접어 넣는다

15 몸통 완성!!

16 반으로 접은 후
   윗부분에
   맞춰 접는다

17 뒤집는다

18 아랫부분에 맞춰 접는다

19 점선에 맞춰
   안으로 접는다

20 점선에 맞춰
   바깥으로 접는다

21 뒤로하여
   반을 접는다

22 다리완성!!

23 몸통은 오른쪽 끝에
   풀칠하고 머리 안쪽을
   끼워 넣은 후
   다리는 위쪽에
   풀칠하고 몸통
   안쪽을 끼워 넣는다

24 스피노 사우루스 완성!!

Giganotosaurus
기가노토사우루스
거대한 남쪽 도마뱀
Power
1800

Hylaeosaurus
힐라에오사우루스
수풀 도마뱀
Power
1500

Spinosaurus
스피노사우루스
가시 도마뱀
Power
1800

Parasaurolophus
파라사우롤로푸스
유사 볏 도마뱀
Power
900

Velociraptor
벨로키랍토르
날쌘 도둑
Power
1100

Suchomimus
수코미무스
악어를 닮음
Power
1800

Allosaurus
알로사우루스
특별한 도마뱀
Power
1600

Euoplocephalus
에우오플로케팔루스
완전 무장된 머리
Power
1600

megaraptor
메가랍토르
거대한 약탈자
Power
1600

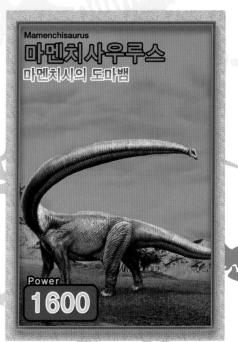

Mamenchisaurus
마멘치사우루스
마멘치시의 도마뱀
Power
1600

Velociraptor
벨로키랍토르
날쌘 도둑

Power
1100

POWER :	1100
공 격 력 :	700
방 어 력 :	400
공격무기 :	발톱
길 이 :	1.8~2.5m
무 게 :	90kg
식 성 :	육식

Parasaurolophus
파라사우롤로푸스
유사 볏 도마뱀

Power
900

POWER :	900
공 격 력 :	400
방 어 력 :	500
공격무기 :	기다란 볏
길 이 :	10~12m
무 게 :	7t
식 성 :	초식

Spinosaurus
스피노사우루스
가시 도마뱀

Power
1800

POWER :	1800
공 격 력 :	900
방 어 력 :	900
공격무기 :	날카로운 이빨
길 이 :	11m
무 게 :	6t
식 성 :	육식

Hylaeosaurus
힐라에오사우루스
수풀 도마뱀

Power
1500

POWER :	1500
공 격 력 :	600
방 어 력 :	900
공격무기 :	골판과 골침
길 이 :	3~6m
무 게 :	1.5t
식 성 :	초식

Giganotosaurus
기가노토사우루스
거대한 남쪽 도마뱀

Power
1800

POWER :	1800
공 격 력 :	900
방 어 력 :	900
공격무기 :	강한 턱과 이빨
길 이 :	13~15m
무 게 :	8~10t
식 성 :	육식

Mamenchisaurus
마멘치사우루스
마멘치시의 도마뱀

Power
1600

POWER :	1600
공 격 력 :	700
방 어 력 :	900
공격무기 :	거대한 몸집
길 이 :	21~25m
무 게 :	30~50t
식 성 :	초식

megaraptor
메가랍토르
거대한 약탈자

Power
1600

POWER :	1600
공 격 력 :	900
방 어 력 :	700
공격무기 :	갈고리 발톱
길 이 :	6~9m
무 게 :	1t
식 성 :	육식

Euoplocephalus
에우오플로케팔루스
완전 무장된 머리

Power
1600

POWER :	1600
공 격 력 :	700
방 어 력 :	900
공격무기 :	뼈 뭉치
길 이 :	6~7m
무 게 :	3t
식 성 :	초식

Allosaurus
알로사우루스
특별한 도마뱀

Power
1600

POWER :	1600
공 격 력 :	900
방 어 력 :	700
공격무기 :	강한 턱
길 이 :	9~12m
무 게 :	2t
식 성 :	육식

Suchomimus
수코미무스
악어를 닮음

Power
1800

POWER :	1800
공 격 력 :	900
방 어 력 :	900
공격무기 :	날카로운 이빨
길 이 :	11m
무 게 :	6t
식 성 :	육식

Deinonychus
데이노니쿠스
날카로운 발톱
Power
1400

Lexovisaurus
렉소비사우루스
렉소비의 도마뱀
Power
1100

Tyrannosaurus
티라노사우루스
폭군 도마뱀
Power
2000

Styracosaurus
스티라코사우루스
창 도마뱀
Power
1700

Gigantoraptor
기간토랍토르
거대한 약탈자
Power
1400

Stegosaurus
스테고사우루스
지붕 도마뱀
Power
1400

Triceratops
트리케라톱스
세 개의 뿔이 있는 얼굴
Power
1500

Diplodocus
디플로도쿠스
두개의 기둥
Power
1700

Chasmosaurus
카스모사우루스
깊게 갈라진 도마뱀
Power
1500

Tarbosaurus
타르보사우루스
놀라게 하는 도마뱀
Power
1800

Gigantoraptor

기간토랍토르
거대한 약탈자

Power
1400

POWER :	1400
공 격 력 :	700
방 어 력 :	700
공격무기 :	강한 부리
길　이 :	8~10m
무　게 :	2.2t
식　성 :	육식

Styracosaurus

스티라코사우루스
창 도마뱀

Power
1700

POWER :	1700
공 격 력 :	800
방 어 력 :	900
공격무기 :	긴 뿔
길　이 :	4~5m
무　게 :	2~3t
식　성 :	초식

Tyrannosaurus

티라노사우루스
폭군 도마뱀

Power
2000

POWER :	2000
공 격 력 :	1000
방 어 력 :	1000
공격무기 :	강한 턱과 이빨
길　이 :	12m
무　게 :	5~7t
식　성 :	육식

Lexovisaurus

렉소비사우루스
렉소비의 도마뱀

Power
1100

POWER :	1100
공 격 력 :	400
방 어 력 :	700
공격무기 :	꼬리 골침
길　이 :	5m
무　게 :	2t
식　성 :	초식

Deinonychus

데이노니쿠스
날카로운 발톱

Power
1400

POWER :	1400
공 격 력 :	700
방 어 력 :	700
공격무기 :	날카로운 발톱
길　이 :	3~5m
무　게 :	25~90kg
식　성 :	육식

Tarbosaurus

타르보사우루스
놀라게 하는 도마뱀

Power
1800

POWER :	1800
공 격 력 :	1000
방 어 력 :	800
공격무기 :	강한 턱
길　이 :	7~12m
무　게 :	5t
식　성 :	육식

Chasmosaurus

카스모사우루스
깊게 갈라진 도마뱀

Power
1500

POWER :	1500
공 격 력 :	500
방 어 력 :	1000
공격무기 :	큰 프릴
길　이 :	5~8m
무　게 :	3.5t
식　성 :	초식

Diplodocus

디플로도쿠스
두개의 기둥

Power
1700

POWER :	1700
공 격 력 :	800
방 어 력 :	900
공격무기 :	거대한 몸집
길　이 :	25~27m
무　게 :	10~20t
식　성 :	초식

Triceratops

트리케라톱스
세 개의 뿔이 있는 얼굴

Power
1500

POWER :	1500
공 격 력 :	500
방 어 력 :	1000
공격무기 :	무서운 세 개의 뿔
길　이 :	7~10m
무　게 :	5~10t
식　성 :	초식

Stegosaurus

스테고사우루스
지붕 도마뱀

Power
1400

POWER :	1400
공 격 력 :	600
방 어 력 :	800
공격무기 :	꼬리 가시
길　이 :	6~9m
무　게 :	3~6t
식　성 :	초식